AF359102

par L. P. Couret de Villeneuve

Cat. Soleinne 2146

LES TROGLODITES,

TRAGÉDIE,

EN CINQ ACTES.

Non fumum ex fulgore, fed ex fumo dare lucem
Cogitat. HOR. Art Poét.

A ORLÉANS,

Chez COURET DE VILLENEUVE, Imprimeur du Roi,
rue des Minimes.

M. DCC. LXX.

AVEC APPROBATION.

LES TROGLODITES,

TRAGÉDIE.

PERSONNAGES.

AZAEL, *Troglodite rébelle, & Amant de Zéila.*

ZÉILA.

AZUMA, *Chef de l'Armée.*

CŒPHANITES, *pere d'Azuma & de Zéila.*

ISMAEL, *Envoyé.*

OZIMÉE, *Officier de l'Armée.*

Suite d'Azuma. . . . . Suite d'Ismaël.

La Scene est en Afrique, sur les bords du Golphe Arabique, dans le Camp des Troglodites.

LES TROGLODITES,

TRAGÉDIE,

ACTE PREMIER.

Le Théatre repréfente à droite des ruines, à gauche le Camp des Troglodites, la mer & quelques rochers dans l'enfoncement.

SCENE PREMIERE.

CŒPHANITES, ZÉILA.

ZÉILA.

ENFIN, après deux ans d'horreurs & de hafards,
La mort nous environne ici de toutes parts.
Renfermés dans ce Camp, nos dernieres limites,
Ce jour va décider du fort des Troglodites.
Plus d'efpoir, c'en eft fait; & le Ciel ennemi
A retiré fon bras du plus jufte parti.

A ij

Mon pere, qui l'eût cru que ce peuple de freres
Dût, si fidèle aux Dieux, souffrir tant de miseres;
Que la foudre à la main, ces maitres des mortels,
Verroient de notre sang inonder leurs autels;
Qu'insensibles & sourds à nos cris, à nos larmes,
Dans nos malheurs peut-être ils trouveroient des charmes.

CŒPHANITES.

Est-ce en les offensant qu'on peut les appaiser,
Ma fille; & qui les craint, les doit-il accuser?
Pense que nous vivons toujours dans leur mémoire;
Qu'amis de l'innocence, & jaloux de leur gloire,
Sur nos biens, sur nos maux ils ont les yeux ouverts,
Et veillent, sans relâche, au soin de l'univers.
Oui, Grands Dieux! vainement cette race proscrite,
L'opprobre de l'Afrique & du nom Troglodite,
Voudroit fuir votre haine & le coup qui l'attend.
Vous les avez laissé triompher un instant;
Mais plus vous nous frappez, & plus votre justice,
De ces vils déserteurs va hâter le supplice.
J'ose en croire ce cœur qu'aucun péril n'abat;
Le sang qu'ils ont perdu dans le dernier combat.
Ne vois-je pas mon fils armé pour nous défendre,
Inébranlable encor sur ces monceaux de cendre,
Défier l'ennemi, moins fier qu'épouvanté
D'un triomphe si vain & si cher acheté.
Par lui vous détruirez cette race parjure,
Dont le moindre succès semble vous faire injure;
Par lui vous briserez leurs arcs, leurs javelots,
Et livrerez leurs corps à la fureur des flots.

TRAGÉDIE.

Péririons-nous, Grands Dieux! par la main de ces traîtres,
Pour avoir confervé les mœurs de nos ancêtres;
Eh! de quelle terreur frémira l'univers,
Si la vertu fuccombe aux fureurs des pervers......
Mais la foudre étincele, & fa chûte eft prochaine;
Souvent votre juftice eft lente, jamais vaine.
Tout plein de cet efpoir & de votre équité,
Je ne goûtai jamais plus de tranquillité.

ZÉILA.

Plût au Ciel que fur moi j'euffe le même empire!
Mais on n'imite pas toujours ce qu'on admire.
Quel courage oppofer aux rigueurs de fon fort,
Quand on n'y voit, hélas! de terme que la mort.

CŒPHANITES.

Ta feule deftinée ici me défefpere,
Ma chere Zéila......

ZÉILA.

N'achevez pas mon pere!
Si vous m'aimez encore, épargnez ma douleur;

CŒPHANITES.

Sa fource m'eft connue, & je lis dans ton cœur.
Si je t'ai, de mes mains, ouvert le précipice,
Puis-je ignorer ta honte? Ah! quoique j'en rougiffe,
Loin de te reprocher l'oubli de ton devoir,
Pardonne-moi des maux que j'aurois dû prévoir.
Azaël..... le barbare..... infenfés que nous fommes,
C'eft fur de vains dehors que nous jugeons les hommes;

Et de cette ardeur prompte à remplir tous nos vœux,
Naiſſent tous les malheurs dont nous chargeons les Dieux,

ZÉILA.

Votre amour ſeul, mon pere, a fait mon infortune.
On n'eſt point criminel dans une erreur commune.
Ah ! tout parloit pour vous & pour cet inhumain ,
A qui vous deſtiniez & mon cœur & ma main.
Mon frere avoit pour lui l'amitié la plus tendre ;
Sans ceſſe il vous preſſoit de le choiſir pour gendre.... ;
Murs ſacrés , terre , Cieux , de mon bonheur jaloux ,
De l'éclat de ſon nom , vous retentiſſiez tous.
Mes compagnes , le cœur tout plein de ſon image ,
Aveugles comme moi , m'envioient ſon hommage.
Hélas ! de ſes vertus tels étoient les garans ,
Quand ſa main déploya l'étendard des ryrans.
Le traître , pour cacher ſa trame criminelle ,
Me juroit , chaque jour , une ardeur éternelle ;
Et , trop ſûr d'être aimé , m'accuſoit de froideur ,
Plein de l'affreux projet de me percer le cœur.
La mort ſeule éteindra ce ſouvenir funeſte ;
Honneur , gloire , vertu , c'eſt vous que j'en atteſte.
Grace aux pleurs qui ſans ceſſe ont coulé de mes yeux ,
Je vais finir des jours qui me ſont odieux ;
Honteuſe de traîner , dans cette ignominie ,
Les reſtes languiſſans d'une ſi triſte vie.

C ŒPHANITES.

Tu veux mourir, ma fille ! & pour qui ? J'en frémis ,
Pour le plus criminel de tous nos ennemis.

Quel autre contre nous irrita leur audace ?
Ne lui devons-nous plus le fort qui nous menace ?
Tranquille dans nos murs, fur ces monts ifolés,
Nos temples & nos champs n'étoient point défolés.
Ces mers de l'Arabie en ravages fertiles,
Offroient à ces brigands des moiſſons plus utiles.
Exilé pour jamais, comme un féditieux,
Il a contre toi - même armé ces furieux.
Victime, ainſi que nous, des complots d'un rébelle,
Sur qui n'a-t-il donc pas porté ſa main cruelle ?
Vois, parmi ces écueils, flotter ces corps ſanglans ;
Entends les derniers vœux & les cris des mourans ;
Vois ces murs embrafés qu'il a remplis d'alarmes,
Et verfe, à cet afpect, de légitimes larmes.

ZÉILA.

Ne me retracez point ſes forfaits, ſa fureur ;
Ils ſont trop bien gravés dans le fond de mon cœur.

CŒPHANITES.

Ne t'immoles donc point pour l'ingrat qui t'opprime ;
Gardes-toi d'ajouter cette gloire à ſon crime.

ZÉILA.

Vous me l'avez donné, je ne le puis haïr ;
Et ſi je l'aime enfin, je n'ai fait qu'obéir......
Pardonnez ; je le vois, ce reproche vous bleſſe.

CŒPHANITES.

Non ! mais qu'as-tu tenté pour vaincre ta foibleſſe ?

ZÉILA.

J'ai porté ma douleur aux pieds des Immortels ;
De mes pleurs, chaque jour, arrosé leurs autels.
La vertu, les remords ont déchiré mon ame,
Et tous leurs efforts vains n'ont fait qu'aigrir ma flamme.
Depuis l'inftant funefte où cet ambitieux
Prétendit un encens que nous n'offrons qu'aux Dieux,
Je languis dans ce trouble, hélas ! fans efpérance
De pouvoir, à mon cœur, rendre fon innocence.
Eh ! comment triompher d'un fatal ennemi,
Qu'ont mis tant de fureurs à couvert de l'oubli,
Si c'eft au moment même où triomphe fa rage,
Que l'amour prend plaifir à m'offrir fon image ;
Vainement je l'évite, elle me fuit toujours.
Eut-il quelque revers, j'ai tremblé pour fes jours.
Vainqueur, un lâche efpoir, une coupable joie
Ecarte les périls où nous fommes en proie,
Pour me faire admirer ces forfaits éclatans,
Qui font autant de Dieux de tous les conquérans.
Odieufe peut-être, où loin de fa mémoire,
O honte ! je jouis du fruit de fa victoire ;
Je me flatte en fecret, que s'il veut être Roi,
Sa fiere ambition n'a d'autre objet que moi.....
Ah ! connoiffez, du moins, à cet affreux myftere,
Que mon crime eft trop grand pour être volontaire.

CŒPHANITES.

Je ne m'étonne plus fi nous périffons tous.
Le crime de ton cœur eft retombé fur nous ;
Et le courroux du Ciel, hélas ! trop légitime,
Ne s'eft pu contenter d'une feule victime.

ZÉILA

Z É I L A.

Si telle est sa justice, il la faut prévenir;
Et ne pas différer, mon pere, à me punir......
Que dis-je! vainement contre une criminelle,
Je prétendrois armer votre main paternelle;
Par des chemins plus sûrs offrons-nous au trépas;
Dévoilons tout aux yeux des chefs & des soldats;
Et, portant la terreur dans leur ame irritée,
Obtenons-en la mort que j'ai trop méritée.

C ΠP H A N I T E S.

On vient à nous. Commande au trouble où je te voi;
Et qu'il n'ait, s'il se peut, d'autre témoin que moi.

S C E N E II.

Les mêmes; A Z U M A; Suite.

C ΠP H A N I T E S.

En est-ce fait, mon fils! enfin cette journée
Va-t-elle décider de notre destinée.

A Z U M A.

Je l'ignore, mon pere; on nous offre la paix;
Mais comment croire un bien si cher à nos souhaits;
Si la foi des traités n'en peut être le gage.

C ΠP H A N I T E S.

J'en crois ces vains garans bien moins que ton courage....

(A Azuma.)

Mais, mon cher Azuma, par quel événement
S'eſt produit tout-à-coup un ſi grand changement.

A Z U M A.

Déja l'aſtre du jour, levé ſur ces rivages,
Du plus ſanglant combat éclairoit les ravages.
Sorti de cette enceinte, & dirigeant mes pas
Vers ces lieux où le ſort hier trahit mon bras;
Déja plein de reſpeĉt, ſans plainte, ſans murmure,
J'avois fait à nos morts donner la ſépulture.
De tant d'objets affreux détournant mes regards,
Je m'apprêtois, mon pere, à gagner ces remparts;
Soudain s'éleve un cri terrible & lamentable;
Tel mugit, ſur ces mers, l'aquilon redoutable.
Je m'arrête; je vois l'ennemi conſterné,
De morts & de mourans par-tout environné,
Et, ne pouvant ſuffire à ce pieux office,
Aux vautours dévorans en faire un ſacrifice.
Troublé, ſaiſi d'horreur, je ſens l'inimitié,
Et le ſoin de mes jours céder à la pitié.
Volons à leur ſecours, & montrons qui nous ſommes,
Ai-je dit, ces cruels n'en ſont pas moins des hommes.
Les Dieux, comme il leur plaît, diſpenſent leurs faveurs;
Mais ils nous ont laiſſé l'empire de nos cœurs.
A ces mots, chacun court où le devoir l'appelle.
L'un, tout baigné de pleurs, d'une main fraternelle,
Rend ces derniers devoirs ſi précieux aux morts,
Sans qui de l'Achéron nul ne franchit les bords.
L'autre, d'un ennemi couché ſur la pouſſiere,
Etanche enfin le ſang, le rend à la lumiere;

Et ranime avec joie un perfide affaffin
Qui peut-être aujourd'hui lui percera le fein.
L'ennemi nous obferve ; un filence farouche
Semble offrir des ingrats qu'aucun bienfait ne touche ;
Mais la nature fage a d'immuables loix ,
Et jamais fans retour, n'abandonna fes droits :
Entraîné tout-à-coup par cette voix puiffante :
Quoi ! c'eft vous, difent-ils, dont la main bienfaifante
Vient foulager nos maux, ou plutôt nous punir.
Cruels, vous vous vangez en croyant nous fervir ;
Et, ne nous infpirant qu'horreur pour la victoire,
Vous nous couvrez de honte en vous couvrant de gloire,
Ah ! fi nous confultions notre indignation ,
Et le remords qui fuit toute injufte action ,
Vous verriez, à l'inftant, immoler un perfide
Qui nous tranfmit à tous la fureur qui le guide ;
Et ce traître expirer dans des tourmens affreux ,
Pour avoir pu trahir des cœurs fi généreux.
Ce feu fe communique, & les chefs en frémiffent ;
De mille cris confus ces rives rétentiffent ;
Mais, malgré les efforts de quelques furieux ,
Le plus fage parti refte victorieux.

CŒPHANITES.

Enfin, tout eft donc calme, & la paix va renaître ;

AZUMA.

Un Envoyé bientôt dans ces lieux va paroître.
C'eft..... Je frémis encore au feul nom d'Ifmaël ;
Monftre fouple & perfide autant qu'il eft cruel.
A ce choix dangereux vous prévoyez fans doute ,
Tout ce qu'il faut qu'ici ma prudence redoute.....

Mais ils me font connus; & c'eft de mon arrêt,
Qu'en ce jour va dépendre un fi grand intérêt.
Il me fera facré; n'en doutez point, mon pere.
La vertu manque-t-elle où la caufe eft fi chere.
Je fuis né Troglodite; & je donne ma foi,
De remplir dignement ce qu'on attend de moi.

(*Aux Troglodites.*)

O vous, dont le bonheur fait ma plus chere envie,
Pour qui, fans balancer, je donnerois ma vie,
Si je croyois d'un feul acheter le trépas,
Ce cœur qui vous chérit ne vous trahira pas.
Jaloux de votre choix, je vous en rendrai compte;
C'eft à nos ennemis qu'il faut laiffer la honte.
Je jure ici par vous, & par ce Ciel vengeur,
De préférer la mort à votre déshonneur.

CŒPHANITES.

Et moi je vais, mon fils, plein de cette affurance,
Porter, dans tous les cœurs, la joie & l'efpérance.

(*A Zéila.*)

Renferme ces foupirs; qui fçait jufqu'où la paix
Peut, en cet heureux jour, étendre fes bienfaits?

SCENE III.
AZUMA, OZIMÉE; *Suite.*
AZUMA.

Toi, mon cher Ozimée, avant que de te rendre
Au camp des ennemis, écoute, il faut t'apprendre

Quelles raifons, fur toi, m'ont fait jetter les yeux.
Tout femble s'être armé contre un féditieux,
Et de la paix enfin nous offrir l'apparence ;
Mais on fe perd fouvent par trop de confiance :
Rarement on obtient le prix de fes bienfaits ;
Et fouvent la vertu fert de voile aux forfaits.
Ce calme, malgré moi, me caufe de l'ombrage,
Et femble, dans fon fein, receler quelque orage.
Tout me paroît fufpect, Miniftres, Chefs, Soldats ;
Ozimée, & je crains d'avoir fait des ingrats.
Va, d'un œil attentif, examiner ces ames,
Dont j'appris, à regret, à redouter les trames.
Le foupçon m'eft affreux, j'en fens toute l'horreur ;
Jamais fans ces méchans il n'eût troublé mon cœur.

OZIMÉE.

Ils ont, par tant de fang, acheté la victoire,
Qu'en ce moment, Seigneur, j'oferois les en croire.
Azaël, à nos yeux, menacé de la mort,
Prouve affez qu'ils font las de partager fon fort.

AZUMA.

Non ! la haine entre nous a mis trop de barrieres.
Plus ils auront recours aux larmes, aux prieres,
Plus ils affecteront de générofité,
Et plus je craindrai tout de leur atrocité.
S'ils ont baifé la main qui leur fut fecourable,
Crois-moi, tant de bonté ne fera pas durable.
Eh ! qu'attendre d'un peuple ennemi de tout bien,
Dont l'amour du pillage eft l'unique lien ;

D'un peuple sans honneur, sans crainte du Ciel même ;
D'autant plus scélérat, qu'il l'est avec système.
Errans & vagabonds, sans loix & sans vertus,
Ils souffrent tous les maux des cœurs nés corrompus ;
Et ne nous verront point, sans haine & sans envie,
Goûter les fruits si doux d'une innocente vie.
Déserteurs de nos loix, ce reproche éternel,
Arme seul contre nous ce peuple criminel.
Enfin, sers mes soupçons, & dissipe ma crainte.
Introduit dans leur camp par quelque heureuse feinte....
Peut-être, cher ami, c'est hasarder tes jours ;
Mais j'ai, dans ce moment, besoin de ton secours.
Il faut ici mêler quelque adresse au courage ;
Je t'ai choisi, pardonne.

O Z I M É E.

        Ah ! c'est me faire outrage.
Je n'examine rien dès que vous commandez.
Je sens ce que de moi, Seigneur, vous demandez ;
Mais mon plus grand regret, si j'y laisse la vie,
Sera de n'avoir pu mieux servir patrie.

A Z U M A.

Je connois Ozimée à ce généreux trait.
Pars. Pour ne point laisser mon ouvrage imparfait,
Je vais doubler la garde, & par ma vigilance,
Ecarter tout péril où conduit l'imprudence ;
Et s'il faut de nouveau recourir au combat,
Y remplir les devoirs de chef & de soldat.

Fin du premier Acte.

ACTE II.

SCENE PREMIERE.

AZUMA, ISMAEL; *Suite d'Azuma ;*
Suite d'Ifmaël.

ISMAEL.

GÉNÉREUX ennemi dont la main magnanime
Combat, par des bienfaits, l'injuftice & le crime ;
Toi de qui la vertu, ce doux tyran des cœurs,
A tes pieds aujourd'hui fait tomber tes vainqueurs,
Accepte ce tribut & ce fincere hommage,
Que l'on doit aux héros qui des Dieux font l'image.
Je viens, au nom de tous, remettre en ton pouvoir
La paix, ce bien fi cher & notre unique efpoir.
Honteux, défefpérés d'avoir pu, d'un rebelle,
Contre un peuple fi jufte embraffer la querelle,
Par quels encens, quels vœux expier nos forfaits,
Et réparer les maux que nous vous avons faits ?
Aviez-vous par la force, ou de coupables trames,
Enlevé nos moiffons, nos filles ou nos femmes ?
Non ! tout condamne en nous un complot odieux,
Trop digne du courroux des hommes & des Dieux ;

Mais nous avons pour Juge un chef de Troglodites ;
Des cœurs dont la bonté fut toujours sans limites ;
Et c'est sur cet appui, moins que sur nos regrets,
Que j'ose entre tes mains mettre nos intérêts.
Fais plus ; c'est peu d'éteindre une guerre funeste,
D'arracher à la mort ce déplorable reste,
Rends-nous ces droits si saints que nous avons perdus.
Issus du même sang, des Hébreux descendus,
Nous devons, tu le sçais, nos crimes à nos peres.
Las de vivre enchaînés par des mœurs trop austeres ;
L'amour de la licence & de la liberté,
Contre un joug si pesant révolta leur fierté ;
Et nous, dans cet abyme, entraînés dès l'enfance ;
Contre l'exemple alors sans force & sans défense,
D'une haine fatale héritiers furieux,
Nous n'avons que trop bien imité nos ayeux.
C'en est fait. Devenu notre Dieu tutélaire,
Graces à tes vertus, un jour pur nous éclaire.
Nous jurons tous ici, sur ces noms si sacrés
De freres & d'amis par nous déshonorés,
De vivre sous ces loix, & cette obéissance,
Qui font de tout Etat la gloire & la puissance.
Détournes donc les yeux de tant d'atrocités ;
Ne vois que nos remords & nos calamités.
Arbitre de la paix, rends-nous à la patrie ;
Nous croirons te devoir une nouvelle vie.

A Z U M A.

Quoi ! du sang le plus pur encor tout dégoûtant,
Et dans cet appareil, j'ose dire, insultant,

Tu

Tu viens redemander la foi de tes victimes,
Et réclamer des droits perdus par tant de crimes.
Je ne veux pénétrer où tendent tes discours,
Ni tous ces vains sermens où ta bouche a recours;
Ismaël; j'attendrai que le temps m'en instruise.
Pour moi, je vais t'ouvrir mon ame avec franchise.
Tu me connois bien mal, si ton cœur s'est flatté
D'en imposer jamais à ma crédulité.
Je ne suis point aveugle, ou foible assez pour croire
Qu'on puisse ainsi passer de la honte à la gloire,
Du crime à la vertu; qu'un si grand changement,
Dans des cœurs endurcis, soit l'effort d'un moment.
Voulez-vous dissiper de trop justes alarmes,
Quittez le brigandage, & mettez bas les armes.
Dignes, à l'avenir, du nom que vous portez,
Purifiez ces bords si long-temps infectés.
Cessez de ravager ces mers de l'Arabie;
De porter la terreur aux champs de la Lybie.
Brisez ce fer, ces arcs désormais superflus;
Relevez, de vos mains, nos Temples abattus;
Pour appaiser les Dieux vengeurs des injustices,
Offrez-leur, sans rougir, d'éclatans sacrifices;
Et servez, s'il se peut, d'exemple à l'Univers,
Alors, n'en doutez point, nos bras vous sont ouverts.
Jusques-là ne crois pas vaincre ma défiance,
Que Chef sans politique & sans expérience,
Je vous traite en amis, en freres, en parens,
Sur de simples discours & de trompeurs sermens.
J'ai trop appris de vous, & sur-tout d'un perfide,
Que trop de confiance est un dangereux guide;

Que l'honneur, l'amitié, le ciel & les autels
Sont de foibles garans de la foi des mortels.
Pour la paix, je la veux, & fuis prêt d'y foufcrire.
Parle ! Quelle eft la loi que tu viens nous prefcrire.
Garde-toi cependant, à titre de vainqueur,
D'exiger rien qui tende à notre déshonneur.
Las de voir tant de fang innonder cette terre,
Nous brûlons, il eft vrai, de terminer la guerre :
Mais j'attefte les Dieux que nous périrons tous,
Plutôt que d'accepter rien d'indigne de nous.

I S M A Ë L.

Ne crois point, Azuma, que la fierté m'outrage.
J'eftime ta franchife ainfi que ton courage ;
De quelques noirs foupçons dont tu m'ofes flétrir,
Si je les méritai, je les fçaurai fouffrir.
Pour croire à nos remords tu veux nous mieux connoître ;
J'y confens. Pour la paix, nous t'en laiffons le maître ;
Je te l'ai dit, remplis de cette aveugle foi,
Que fans doute le temps nous obtiendra de toi.
Hâte donc un Traité pour nous fi defirable ;
Ton cœur eft bienfaifant, il doit être équitable :
Prononce.

A Z U M A.

J'y foufcris. Fuyez ces bords fanglans ;
Rendez nos Citoyens dans vos fers gémiffans ;
Juftement fatisfaits de notre foi pour gages,
Les vôtres refteront en ces lieux pour ôtages.
Sur-tout, abandonnez l'Auteur de tous nos maux,
Ou n'attendez de nous ni treve, ni repos.

Digne, par ſes fureurs, des plus cruels ſupplices,
Tant qu'il vit parmi vous, je vous crois ſes complices :
Si vos remords ſont vrais, vous le devez punir ;
Si vous le protégez, rien ne peut nous unir.
C'eſt ce que par ma voix tout un peuple t'annonce.

I S M A E L.

Quant au ſort d'Azaël, j'ai prévu ta réponſe,
Et le fais, avec ſoin, garder près de ces lieux.
(*A ſes Soldats.*)
Allez ; qu'à l'inſtant même il paroiſſe à ſes yeux.
Notre appui le plus ferme, après ce ſacrifice,
Crois-tu que nos projets cachent quelque artifice.
S'il nous étoit encor permis de vous haïr,
Vos vainqueurs, aurions-nous beſoin de vous trahir.
Le voici.

A Z U M A.

Juſte Ciel !

SCENE II.

Les mêmes ; AZAEL, ISMAEL.

I S M A E L.

Il eſt en ta puiſſance ;
Mais non pour aſſouvir ta haine & ta vengeance ;
Je crois entre tes mains ſes jours en ſûreté.
Tu veux d'autres garans de ma ſincérité :

Je vais en rendre compte à l'armée affemblée.
Elle fera fenfible à fa gloire immolée;
Mais réfolue à tout, pour obtenir la paix,
Peut-elle, à trop haut prix, acheter fes bienfaits.

A Z U M A.

Vos pertes l'ont rendue un bien fi néceffaire,
Qu'en cela je puis croire au moins ton cœur fincere.
Va ! fatisfais à tout; fi mon efpoir eft vain,
Ne reviens que le fer & la flamme à la main.

S C E N E   I I I.

A Z U M A, A Z A E L; *Suite.*

A Z A E L.

Eh bien ! Qu'ordonne-tu du fort d'une victime,

A Z U M A.

Si je ne confultois qu'un tranfport légitime,
Dans fon fang odieux j'éteindrois ta fureur :
Mais le trépas mettroit un terme à ta douleur;
Et, loin de t'adoucir cette honte mortelle,
Que ne puis-je l'accroître & la rendre éternelle.

A Z A E L.

Ainfi, Juge implacable & toujours fans pitié,
Tu n'épargnes mes jours que par inimitié.

AZUMA.

Je ne m'en défends point; je te laiſſe la vie,
Pour prolonger tes maux & venger la patrie.
Vis, pour mieux ſatisfaire à ſon juſte courroux;
La mort eſt pour un traître un châtiment trop doux.

AZAEL.

Ne m'immolois-tu pas, barbare, à ta colere;
Quand.....

AZUMA.

Oui! Je t'euſſe alors immolé ſans mon pere.
Je crus devoir, ingrat, céder à ſes ſouhaits;
Mais tu n'avois pas mis le comble à tes forfaits;
Déployé de ce cœur toutes les perfidies,
Ni d'un peuple féroce armé les mains impies.

AZAEL.

Tu me punis pourtant d'un exil éternel.....
Je fus ambitieux, & je ſuis criminel;
Mais, quelque vain projet qu'eût tenté mon audace;
Ton pere, tout l'Etat te demandoit ma grace;
Et j'atteſte le Ciel, qu'un pardon généreux
Te rendoit pour jamais un ami malheureux;
J'euſſe arroſé, cruel, tes genoux de mes larmes.
Mais hélas! la pitié n'a point pour toi de charmes;
Feignant de m'épargner en me faiſant bannir,
Tu cédois au plaiſir que tu ſens à punir.
Je ne dûs point la vie aux vœux des Troglodites;
Aux pleurs du magnanime & tendre Cœphanites;
Tu crus en m'arrachant l'objet de mon amour,
Déchirer mieux mon cœur qu'en me privant du jour.

AZUMA.

Fuis donc encor ces lieux que ta préfence outrage.
Je hais plus ton afpect que je ne crains ta rage.
Puiſſent, pour ton malheur, les remords dévorans
Sans ceſſe à tes regards offrir ces murs ſanglans......
Vous que dans les enfers plongea ſa main barbare,
Pâles ombres, ſortez des gouffres du Tartare ;
Qu'il entende vos cris plaintifs & douloureux,
Et recule d'horreur à ce ſpectacle affreux.....
Noires Divinités, implacables Furies,
Raſſemblez dans ſon cœur toutes vos barbaries :
Pour mieux venger les Dieux de ce tyran nouveau ;
Faites de ſon orgueil ſon plus cruel bourreau ;
Que déplorant ſa chûte , & fuyant la lumiere,
Jamais le doux ſommeil ne ferme ſa paupiere.
Toi qui voulus régner & nous donner des fers,
Puiſſes-tu , fugitif de déferts en déferts,
Efclave infortuné, rebut de la nature,
Des monſtres des forêts envier la pâture ;
Puiſſes-tu vivre en bute à tous les traits du ſort,
Et toujours lâche aſſez pour redouter la mort.
Fuis ! & ne force pas un juge inexorable
A ſe ſouiller enfin d'un ſang ſi méprifable.

SCENE IV.

AZAEL ſeul.

INFLEXIBLE ennemi, ſuis-je aſſez confondu !
Que d'imprécations..... Ah Dieux ! qu'ai-je entendu.

La mer & ces rochers battus par la tempête,
Le Ciel brillant d'éclairs & tonnant fur ma tête,
L'enfer, tous les fléaux déchaînés contre moi,
Hélas ! m'euffent caufé moins d'horreur & d'effroi,
Saifi d'une terreur à mon ame inconnue,
Je ne fçais où porter ni mes pas, ni ma vue.....
Mon arrêt femble écrit fur ces débris fumans,
Et la terre trembler fous mes pieds chancelans.
Je friffonne.....Je fens, ô Ciel ! couler mes larmes....
Lâche ! toi dont l'orgueil excita tant d'alarmes,
Tu pleures..... Ah ! fortons de ces funeftes lieux,
Où j'ai porté la mort, où tout bleffe mes yeux.
L'Egypte, en ce moment, en proie à la furie
Des cruels fucceffeurs du vainqueur de l'Afie,
M'ouvre un champ où je puis fignaler ma valeur,
Et terminer enfin ma vie & ma douleur....
Qui fçait même quel fort mon courage m'apprête !
Ne délibérons plus..... Mais quelle voix m'arrête,
Et femble me crier : tu me fuis inhumain ?
Si l'amour feul te mit les armes à la main,
Pourquoi m'abandonner; je t'aime encor barbare !
Tombes à mes genoux, ta grace..... Je m'égare;
La douleur, les remords dont je fuis accablé,
Offrent ce vain fantôme à mon efprit troublé.
Pardonne, Zéila ! je fens que je t'offenfe;
Cet amour de ton cœur flétriroit l'innocence.
Et fi l'honneur t'eft cher, la haine & le mépris,
De tant de cruautés doivent être le prix.....
Ah ! cette idée affreufe eft mon plus grand fupplice....
Mourons; c'eft en ces lieux qu'il faut que je périffe :

Vertu, maîtresse, amis, citoyens outragés,
C'en est fait ; aujourd'hui vous serez tous vengés.
Si ma mort vous sembloit peu pour vous satisfaire ;
Au moins le sacrifice en sera volontaire.
Courons chercher le bras qui me doit immoler ;
Qu'Azuma me revoie, & mon sang va couler.

SCENE V.

AZAEL, CŒPHANITES.

CŒPHANITES.

Ou vas-tu malheureux ?

AZAEL.

Remplir ma destinée ;
Mourir.

CŒPHANITES.

Arrête !

AZAEL.

Non ! ma tête est condamnée ;
Il faut fuir ou périr ; & j'ai choisi la mort.

CŒPHANITES.

Ah ! demeure ; où t'entraîne un aveugle transport ?

AZAEL.

Quand ton fils m'a proscrit, m'oserois-tu défendre ?
Quel intérêt enfin à mes jours peux-tu prendre.

CŒPHAN.

C Œ P H A N I T E S.

Quel qu'il foit, de mon fils évite la fureur.

A Z A E L.

Tu trembles, je le vois, qu'en me perçant le cœur,
Sa main ne foit fouillée, & fa gloire avilie.
Epargnes, tu le dois, cette tache à fa vie:
Tu la partagerois; mais fais armer mon bras,
Et je vous fauve à tous l'horreur de mon trépas.

C Œ P H A N I T E S.

Du lâche défefpoir tu me tiens le langage;
Et de ton repentir, ô Ciel, quel trifte gage!
Ingrat, méconnois-tu la main qui t'a fauvé;
Ce cœur enfin par toi fi long-temps éprouvé.

A Z A E L.

Non, ne le penfes pas; tu m'as fervi de pere;
La mémoire à mon cœur en fera toujours chere;
Mais je n'en ai que mieux mérité ton courroux.
Mes crimes ont rompu tous liens entre nous.
Funefte fouvenir...... Que mon ame eft émue!....
Je redoutois fur·tout de paroître à ta vue.
La haine d'Azuma, fa cruelle équité
N'ont fait qu'aigrir encor mon efprit irrité.
Que ta pitié me porte un coup bien plus fenfible!
Tes regards attendris, ce pouvoir invincible
Qu'a fur le plus coupable un mortel vertueux,
Me peignent mes forfaits fous un jour plus affreux.
C'eft à mon trépas feul d'en effacer la trace.
Tu peux plaindre mon fort, jamais me faire grace.

CŒPHANITES.

Tu veux mourir, eh bien! à cet efpoir réduit,
Reconnois-tu l'abyme où l'orgueil t'a conduit.

AZAEL.

Oui! le fang le plus pur s'eft fouillé dans mes veines,
Verfe ce qui m'en refte, & termine mes peines.

CŒPHANITES.

Voilà donc tous les fruits de ton ambition,
La rage, la douleur & la confufion......
Mais lorfque cette gloire, implacable furie,
Qui ne connoît juftice, amitié ni patrie,
T'infpira le defir de nous donner la loi,
Que voulois-tu? régner plus pour nous que pour toi?
A quoi bon ce pouvoir que ton orgueil demande;
Qu'eft-il befoin de maître où la vertu commande?
Voulois-tu, d'un tyran écoutant la fierté,
Attenter lâchement à notre liberté;
De ton joug à nos mœurs préférant les entraves,
D'un peuple généreux faire un peuple d'efclaves;
Certes, fi jufques-là tu portas le mépris,
C'eft mettre la Couronne & nous à trop vil prix.
Falloit-il outrager la Majefté fuprême,
Et verfer tant de fang pour t'avilir toi-même?
Quelque fut ton projet, Azaël, fouviens-toi
Qu'un rébelle jamais ne peut être un grand Roi;
Que la crainte des Dieux, la bonté, la droiture
Sont les vrais Souverains de toute la Nature.

AZAEL.

Par ces difcours fans haine & fans févérité,
Je le fens, tu me fais aimer la vérité.
Tu me peins mon devoir avec des traits de flâme,
Et ta voix féduifante a pénétré mon ame.
Que ton fils.....

CŒPHANITES.

    N'eût-il pas dû te facrifier;
Tu n'as que trop pris foin de le juftifier.
Si d'un premier tranfport il ne fut pas le maître,
Falloit-il ravager ces lieux qui t'ont vu naître,
Et le fer à la main nous déchirer le flanc,
Pour n'avoir pas voulu nous baigner dans ton fang?
Tu n'as pu l'oublier; j'ai défendu ta vie,
Qu'un équitable arrêt t'eût fans doute ravie:
Je ne m'en repens pas, malgré tous nos malheurs;
Mais que tant de bonté me coûtera de pleurs!

AZAEL.

Ah! tu me fais frémir.... la douleur qui t'accable....
Qu'ai-je fait, & jufqu'où mon bras eft-il coupable?
Tu ne me réponds rien.... Mes vœux font fuperflus;
Mon crime eft confommé; Zéila ne vit plus.....
Et tu n'as pas encore affouvi ta vengeance;
Pere, comment peux-tu foutenir ma préfence?
Au défaut de fon bras, ô Dieux, écrafez-moi.....
Que dis-je! vaine erreur; banniffons cet effroi;
Tu ne punis point; oui, Zéila refpire......
Elle vit; cependant, hélas! ton cœur foupire.
D ij

C Œ P H A N I T E S.

Azaël, puis-je enfin compter fur ta vertu?

A Z A E L.

Mortel trop généreux, que me demandes-tu?

C Œ P H A N I T E S.

Si le remords te parle & t'a rendu ta gloire?

A Z A E L.

Je t'en ferois ferment, oferois-tu m'en croire;
M'en croirois-je moi-même après tant de fureurs.
Par quels efforts enfin ramener tous les cœurs;
Triomphe-t-on ainfi de la haine opprimée.
Un inftant peut flétrir vingt ans de renommée:
Criminel une fois, ce n'eft que par degré
Qu'on rend à fa fplendeur un nom déshonoré.

C Œ P H A N I T E S.

A ce langage enfin je crois te reconnoître.
Viens, fuis-moi; dans ces lieux ne crains point de paroître;
J'y ferai ton appui, j'y défendrai tes jours.
Je fuis encor pour toi ce que je fus toujours.
De mon fils feulement évite la préfence;
Je faifirai l'inftant d'appaifer fa vengeance.
Viens, je ne fçus jamais pardonner à demi;
Et je veux être encor ton pere & ton ami.

Fin du fecond Acte.

ACTE III.

SCENE PREMIERE.
AZAEL, ZÉILA.

AZAEL.

Ah ! cesse de me fuir, & daigne au moins m'entendre.

ZÉILA.

Laisse-moi !

AZAEL.

Je ne puis.

ZÉILA.

Eh ! qu'oses-tu prétendre ?
Sur un cœur vertueux le crime a-t-il des droits ?
Et viens-tu me trahir une seconde fois ?

AZAEL.

Ecoute un malheureux coupable, mais à plaindre ;
Et qui, si tu le hais, pour toi n'est plus à plaindre.

ZÉILA.

Eh bien ! si tu te crois justement odieux,
Pourquoi me poursuis-tu ? pourquoi chercher mes yeux ?
Dans mon accablement trouves-tu quelque gloire ;
Crois-tu tes attentats sortis de ma mémoire.
Va, rien ne manque aux traits qui partent de ta main.
Si tu n'as pas perdu tout sentiment humain,
Fuis ; je ne veux mourir, ni vivre ta complice ;
Et ta vue est pour moi le plus cruel supplice.

AZAEL.

Tu le veux, j'y souscris ; je ne te verrai plus.
Tes desirs sont pour moi des ordres absolus.
Mais si ton frere las de tant de barbarie,
Souffre enfin que je vive au sein de ma patrie ;
Si ton pere parvient à le toucher pour moi,
M'imposeras-tu seule une plus dure loi.
Je sens qu'il faut te perdre, & je me rends justice ;
Mais n'est-ce pas assez d'un si grand sacrifice,
Sans me forcer encor d'abandonner ces lieux.
J'en frémis ; mais enfin j'éviterai tes yeux.

ZÉILA.

Ainsi, tu vas jouir d'un sort doux & tranquille,
Te faire aimer peut-être, où, dans ce même asyle
Qu'a désolé ta rage ; & rappeller à toi
Tous ceux que tes vertus ont trompés comme moi ;
Et moi, de toutes parts trahie, abandonnée,
Je te verrai, bravant ma triste destinée,

Humilier ma gloire & l'amour offenfés,
Infulter à ces traits par les pleurs effacés,
Et que toi-même, hélas! auroit dû méconnoître,
Sans ofer murmurer ni me plaindre d'un traître.....
Non! ne t'en flatte pas, toi dont l'ambition
Préféra la couronne à ma poffeffion.
J'admire les bontés d'un pere magnanime,
Je reconnois, je fens l'intérêt qui l'anime;
Tel qu'un Dieu bienfaifant, il a dans tous les cœurs
Verfé, je le fçais trop, l'oubli de tes fureurs;
Ils n'ont pu réfifter à fes vœux, à tes larmes;
Mais, quoi qu'il ait tenté pour calmer tant d'alarmes,
Eft-ce d'eux & de lui que ton pardon dépend?
Et qu'ont-ils fait pour toi, fi leur chef n'y confent?
Mon frere à la patrie, à fa gloire fidèle,
T'a profcrit fans retour; il fera mon modèle.
Crois-tu donc, quand tu veux exciter ma pitié,
L'amour moins délicat que ne l'eft l'amitié.

AZAEL.

Ah! je fens trop enfin, à tant de réfiftance,
Que mon crime & le temps ont laffé ta conftance;
Que la haine a flétri ce cœur fi généreux;
Qu'il faut vivre à jamais profcrit & malheureux.
Pardonne; à ton courroux, au trouble de ton ame,
Si j'ai cru voir encor des traces de ta flâme.....

ZÉILA.

Je n'ai pas prétendu te cacher mes ennuis;
Pouvois-tu t'y méprendre en l'état où je fuis.

Malgré tous les malheurs qu'effuya la patrie,
Tes efforts redoublés pour m'arracher la vie,
Je n'ai pu, j'en rougis, te bannir de mon cœur.
Envain j'ai combattu cette honteufe ardeur.
L'aftre prédominant fous lequel je fuis née,
L'enfer, tout s'eft armé contre une infortunée.
A ces regards mourans, cruel, tu viens t'offrir;
Eh bien! jouis des maux que tu me fais fouffrir.
Si tu peux obtenir ta grace de mon frere,
J'y confens, à tes vœux je ne fuis plus contraire.
Mon pere trop fenfible à mes derniers adieux,
Aura befoin de toi pour me fermer les yeux.

A Z A E L.

Que dis-tu! jufte Ciel! fans l'efpoir qui me refte;
D'étouffer un projet à tous deux fi funefte,
Déja mon fang verfé t'auroit prouvé ma foi,
Et que le remords feul me ramene vers toi.
Vis; & puifqu'il eft vrai que tu m'aimes encore;
Ne défefpere point un Amant qui t'adore.

Z É I L A.

Comment te croire, hélas! toi qui, depuis deux ans,
Tiens armé contre nous ce peuple de brigands.
Que pourfuivois-tu donc?

A Z A E L.

Toi feule: j'en attefte
Ces mèmes attentats que tout mon cœur détefte.

ZÉILA.

ZÉILA.

De tant de cruautés pouvois-je être le prix;
Suis-je donc un objet si digne de mépris.

AZAEL.

Par un si lâche espoir je t'aurois fait outrage.
Mais sans toi j'eusse ailleurs exercé mon courage,
Et cherché des climats où mon bras & le fort
M'eussent donné le trône ou conduit à la mort.
Ah ! quand mon repentir t'éprouve inexorable,
Tu ne fus pas témoin de l'état déplorable
Où me plongea l'exil contre moi prononcé.
De cet ordre cruel mortellement blessé,
Je ne regrettai point la perte de l'Empire ,
Orgueil qu'avoit produit un instant de délire.
Cette gloire fatale à tant d'ambitieux,
Telle qu'un songe vain disparut à mes yeux,
Je ne vis plus que toi ; j'arrosai de mes larmes
Ces lieux où je venois d'offenser tant de charmes.
Trop certain d'être aimé , d'avoir fait ton malheur,
Ce souvenir sans cesse irritoit ma douleur.
Accablé de fatigue , & las de la lumiere,
Le sommeil de ses mains fermoit-il ma paupiere ,
Les remords dévorans, la tristesse , l'effroi,
Et les songes cruels voloient autour de moi.
Tantôt je te voyois, telle qu'une Euménide,
Suspendre sur mon sein un poignard homicide ;
Tantôt le regard plein d'une douce langueur,
Tu semblois m'écouter sans haine & sans rigueur ;

Et quelquefois fenfible au fort d'une victime,
Tu femblois m'accorder le pardon de mon crime :
Flatteufe illufion ! mais qui d'un malheureux,
Hélas ! rendoit bientôt le réveil plus affreux.
Enfin, las d'une vie errante & vagabonde,
Accablé fous le poids de ma douleur profonde,
Je formai le projet, encor qu'humiliant,
De paroître en ces lieux fous un front fuppliant ;
D'y prendre en criminel les Autels pour refuge,
D'y demander ma grace , & d'y fléchir mon Juge....

ZÉILA.

Que ce retour nous eût épargné de regrets !.....
Mais prêt à réclamer de fi chers intérêts,
Quel motif t'arrêta ?

AZAEL.

           Tout me fembla contraire,
Et détruire un projet plus vain que téméraire.
La haine d'Azuma parut à mon orgueil,
Ainfi qu'à mon amour, un invincible écueil.
Sans efpoir de revoir ces lieux de ma naiffance,
En proie à tous les maux que peut caufer l'abfence,
Alors je ne fus plus maître de mes tranfports.
Furieux, j'appellai l'ennemi fur ces bords ;
Et réfolu, forcé de tenter ta conquête......
               (*Il fe jette à fes genoux.*)
Mes crimes font enfin retombés fur ma tête :
Mais je n'ai point encor fubi mon châtiment,
Acheve ; facrifie à ton reffentiment

Mes remords, mon amour, ta tendreſſe & ma vie;
Tu peux venger d'un mot les Dieux & la Patrie.

ZÉILA.

Ils ſont aſſez vengés ſi ton cœur ſe repent.

AZAEL.

Si tu ne m'en crois pas, quel ſera mon garant?

ZÉILA.

Ta douleur.... mon amour contre toi ſans défenſe;
Vainement en ſecret le devoir s'en offenſe;
Si tu me retrouvois inſenſible à tes pleurs,
Hélas! qui prendroit ſoin d'adoucir tes malheurs.

AZAEL.   (Il ſe leve.)

Dans quelque précipice où le deſtin m'entraîne,
J'en jure ici par toi, je ne crains que ta haine.
Quoi? tu m'aimes encore.... ô comble de forfaits;
D'un cœur ſi généreux j'ai pu troubler la paix.

ZÉILA.

Perds-en le ſouvenir, c'eſt moi qui t'en conjure;
Il troubleroit ta vie, il me feroit injure.
Me puniſſe le Ciel, ſi jamais mes diſcours
Mêlent cette amertume au bonheur de tes jours.
Je te pardonne..... Hélas! puiſſes-tu de mon frere
Calmer ainſi la haine & fléchir la colere.....
Mais quelqu'un vient à nous.

AZAEL.

O Ciel! c'eſt Iſmael.
E ij

ZÉILA.

Lui ! Quel eft fon deffein ?

<hr>

SCENE II.

Les mêmes ; ISMAEL; *Suite.*

ISMAEL.

Je te cherche, Azaël;
Madame, pardonnez; un fecret d'importance.....

ZÉILA.

Quel qu'il foit, vous pouvez tout dire en ma préfence.
Je ne fépare point fon intérêt du mien.
 (*A part.*)
Ciel ! que lui veut-il ?

AZAEL.

Parle, & ne redoute rien.
C'eft cet objet fi cher dont la perte & les charmes
Me firent implorer le fecours de vos armes;
Elle dont l'amour feul égale la vertu,
Et pour qui feule enfin ce bras a combattu.
Je t'ouvris mon cœur, parle; & fi je fus rébelle,
Quelque fut mon courroux, eut-il d'autre objet qu'elle.

ISMAEL.

Non ! je te rends juftice..... & je vous plains tous deux.

AZAEL.

Que dis-tu ! quand je fuis au comble de mes vœux,

Quand devant elle enfin mon crime a trouvé grace.

ZÉILA.

Quel piége l'environne & quel coup nous menace ;
Expliquez-vous, Seigneur ; la guerre dans ces lieux
Rallume-t-elle encor ces flambeaux odieux ?

ISMAEL.

Tout eft calme, Madame, & la paix eft jurée.

AZAEL.

Quoi ! la paix eft conclue..... & ma perte affurée.
La fureur d'Azuma, la vôtre me pourfuit ;
Et mon trépas fans doute en doit être le fruit.

ISMAEL.

Quel intérét nous eut armés contre ta vie.
Il faut craindre du moins ceux que l'on facrifie ;
Et loin de te vouloir immoler ou bannir,
J'ai demandé ta grace, & n'ai pu l'obtenir.

ZÉILA.

Qu'entends-je ! quoi, Seigneur, fa perte eft réfolue.

ISMAEL.

Il eft trop vrai, Madame, & loin de votre vue,
S'il m'en croit, à l'inftant il portera fes pas.

ZÉILA.

Ah ! trop cruel arrêt !

AZAEL.

Je n'y foufcrirai pas ;

Fallût-il expirer sous la main de ton frere.

ISMAEL.

Tu le dois reconnoître à cet ordre severe.

AZAEL.

Oui ! je le reconnois ; & sur ton seul abord
J'aurois dû pressentir qu'on a juré ma mort. ....
Quoi ! ta haine, inhumain, ne se peut donc éteindre !

ISMAEL.

Il ne veut rien entendre, & tu n'es plus à craindre.
Que pourroit te servir ton courroux contre lui ?
Un Traité nous enchaîne, & tu n'as plus d'appui.
Crois-moi, céde, Azaël, au revers qui t'accable ;
Fuis loin d'un ennemi juste autant qu'implacable ;
Et qui ne trouvant plus d'obstacle à sa rigueur,
Sçaura bien, cette fois, prévenir ta fureur.
Ton destin est affreux, mais il faut te résoudre ;
Tu n'as que cet instant pour éviter la foudre.
Déja le fer vengeur est suspendu sur toi ;
On te cherche, sans doute, & j'en tremble d'effroi.
Viens ; il m'est défendu de t'offrir un asyle ;
Mais je puis rendre au moins ta retraite facile.
Reste au sein de l'Afrique, ou traverse les eaux ;
Je t'offre un guide sûr ou l'un de nos vaisseaux.

AZAEL.

Et, sous ce faux dehors, Ministre de la haine ;
Tu penses me cacher le piége où l'on m'entraîne.

Ta noirceur fe dévoile aux traits de l'amitié ;
Et je te connois trop pour croire à ta pitié.
Je ne fçais quel projet médite votre rage ;
Mais, quel qu'il foit, mon fang n'en fera point le gage;
Traître, crois que ton bras s'eft chargé vainement,
Si le Ciel veut ma mort, d'en être l'inftrument ;
Qu'on pourra me forcer d'abandonner la vie ,
Non me la faire perdre avec ignominie.
Quand je m'eftimerois le dernier des humains,
Je rougirois encor de périr par tes mains.

I S M A E L.

Ingrat, je te pardonne un difcours qui me bleffe.
Je vois ce qui t'arrête, & je plains ta foibleffe ;
Mais je connois ton cœur & tes vœux inconftans ;
Tu te repentiras, il ne fera plus temps.
Adieu ! refte en ces lieux marqués pour ton fupplice ;
Il eft jufte, après tout, qu'un rébelle périffe.
Tu connoîtras bientôt qui tu dois redouter,
Et quels confeils enfin il falloit écouter.

S C E N E III.

Z É I L A, A Z A E L.

Z É I L A.

QU'ANNONCE cette voix finiftre & menaçante ?
Comment rendre, Azaël, la vengeance impuiffante ?

Hélas ! que ton salut n'est-il en mon pouvoir.

AZAEL.

Le sort qu'on me destine est facile à prévoir.
Ton frere est vertueux, mais il n'est pas sensible;
Et je n'attends plus rien de ce cœur inflexible.
Le barbare se plaît dans mon adversité;
Et tout s'oppose enfin à ma félicité.
Une invisible main me pousse vers l'abyme,
Où doivent s'engloutir & ma vie & mon crime.
Si mon cœur en frémit, si j'en verse des pleurs,
Hélas ! c'est de te voir partager mes malheurs :
Dans quel gouffre de maux, ô Ciel ! t'ai-je entraînée...
Zéila, laisse-moi remplir ma destinée;
Et n'empoisonne plus des jours si précieux
Pour un infortuné qu'abandonnent les Dieux.

ZÉILA.

Penses-tu que leur haine ardente à te poursuivre,
Me puisse un seul instant forcer de te survivre.
Tu connois si je sçais comme on garde sa foi;
Et cependant tu peux douter encor de moi.
Il m'eût été plus doux, je ne puis m'en defendre,
De vivre unie à toi par le nœud le plus tendre :
Un jour plutôt, mon sort m'eût semblé moins affreux;
Mais te perdre au moment où je te crois heureux,
Quel tourment !.... Cependant ne perdons point courage;
Azaël, essayons de calmer cet orage......

AZAEL.

Oui ! sans doute, il n'est point de courroux éternel.
La pitié parle enfin pour le plus criminel;

La

La haine eſt un tourment qu'on ſupporte avec peine;
L'ame qu'elle déchire, aiſément ſe ramene.
Ton frere me verra.....

ZÉILA.

                    Non, tu pourrois l'aigrir;
Et ce n'eſt point à lui qu'il nous faut recourir.
Dans ce preſſant péril allons trouver mon pere;
C'eſt en ſa bonté ſeule aujourd'hui que j'eſpere.
Il me chérit, il t'aime; & tu n'en doutes point....
Si mon frere pourtant s'oublioit à ce point,
De braver la nature & d'être inexorable.....

AZAEL.

Arrête ! loin de toi ce ſoupçon qui m'accable.
Ne me redoutes plus; mes fureurs, mes tranſports
T'ont coûté trop de pleurs, à moi trop de remords.

Fin du troiſiéme Acte.

ACTE IV.

SCENE PREMIERE.

AZUMA, CŒPHANITES; *Suite.*

AZUMA.

Au nom de la Patrie, au nom des Dieux, mon pere,
Daignez voir mon refus d'un regard moins févere.
Il n'a point pour objet la haine ou le courroux;
N'accufez mon refpect, ni mon amour pour vous;
Vos droits me font facrés; fi je les facrifie,
C'eft au bien de l'Etat, feul il me juftifie;
Et fans cet intérêt fi jufte, fi puiffant,
Vous ne verriez en moi qu'un fils obéiffant.

CŒPHANITES.

Azuma, nos malheurs t'ont, fur les Troglodites,
Donné pendant la guerre un pouvoir fans limites;
Jouis en Souverain de ton autorité;
Immole tout, mon fils, à l'auftere équité;
Et fi mon cœur m'aveugle en faveur d'un coupable,
Sois Juge incorruptible autant qu'inexorable.

Dans ton pere ne vois qu'un ſimple citoyen ,
S'il eſt injuſte ou foible à qui tu ne dois rien ;
D'autant plus criminel , s'il te vouloit ſurprendre ,
Qu'il a ſur toi des droits dont il peut tout attendre.
Mais tu me connois trop , pour penſer que jamais
Je veuille être l'organe & l'appui des forfaits.
Je t'apporte , mon fils , les pleurs d'un miſérable ,
Digne , par ſes regrets , d'un ſort moins déplorable.
Si ſon ambition & ta ſévérité ,
Ont armé contre nous ſon courage irrité ,
La honte & les remords unis pour ſon ſupplice ;
N'ont - ils donc pas aſſez ſatisfait ta juſtice.
Seras-tu plus cruel que ne le ſont les Dieux ?
Eh ! qui pourroit trouver grace devant leurs yeux ;
Si tels que des tyrans , jaloux de leur puiſſance ,
Ils ne mettoient jamais de terme à leur vengeance.

A Z U M A.

Je n'ai pas , comme eux , l'art de lire au fond d'un cœur.
Je ſuis homme , mon pere , & ſujet à l'erreur.
Trop ſouvent , j'en rougis , trompé par l'apparence ;
Je ne veux déſormais céder qu'à l'évidence.
Je ne demande point le ſang d'un malheureux ;
Mais ſon crime eſt certain , ſon repentir douteux ;
Et je crois , ſans bleſſer ma gloire ou la nature ,
Ni ſans être ſuſpect de venger mon injure ,
Pouvoir , en Chef prudent , bannir cet inhumain
Des lieux que ſans frémir a ravagés ſa main.
En un mot , ſa préſence ici me fait ombrage.
Si de vils ennemis l'ont livré pour ôtage ;

Sans doute, & je n'en ai qu'un trop jufte foupçon,
Il fert ici de voile à quelque trahifon.

C Œ P H A N I T E S.

Que dis-tu ? C'eſt porter trop loin la défiance.....

A Z U M A.

Je la dois à fon crime, à mon expérience;
Enfin, qui put trahir le fang & l'amitié,
Ne devroit pas du moins attendre de pitié.
Ah ! je frémis encor quand mon cœur fe rappelle,
Qu'autrefois fon ami, je le pris pour modèle;
Indignement trompé par des dehors heureux,
Je croyois près de lui n'être point vertueux.
Je l'avouerai, jaloux d'une fi belle vie,
Je réfiftois à peine aux efforts de l'envie.
Trahi, rien n'eſt égal aux maux que j'en reſſens.
Mon erreur, fes forfaits me font toujours préfens.
Quelque vain repentir qu'il vous ait fait paroître,
Sauvez-moi du tourment de vivre avec un traître.
Accordez-moi, mon pere, après fon attentat,
Ce que vous refufez aux périls de l'Etat.

C Œ P H A N I T E S.

L'Etat ainfi que moi te demande fa grace.
Tranquille & méprifant le fort qui le menace,
Au-deſſus des terreurs que tu lui veux donner,
Il cede au feul plaifir qu'il fent à pardonner.
Imite, ô mon cher fils, cette indulgence extrême,
Ineſtimable don de la bonté fuprême.

A Z U M A.

Ah! que cette bonté, fource de tant d'horreurs,
Nous a coûté, mon pere, & de fang & de pleurs.
Qu'en ce moment fatal je montrai de foibleffe;
Et que ce fouvenir m'humilie & me bleffe.
Plût aux Dieux immortels que, moins compatiffant,
Mon bras eût étouffé ce mal encor naiffant;
Qu'à l'inftant même encore, à l'Etat plus fidèle,
Je ne craigniffe point d'immoler un rébelle.
Tout ce qui femble au peuple & juftice & bonté,
Dans un Chef bien fouvent n'eft qu'une cruauté.

C Œ P H A N I T E S.

Heureux peuple, mon fils, en qui la bienfaifance,
Eteint tout fentiment de haine & de vengeance,
Qui n'a befoin du frein du pouvoir abfolu,
Que pour le garantir de fon trop de vertu.
Quel qu'il foit cependant, s'il fouffre cette injure,
Penfes - tu ton refus à l'abri du murmure,
Qu'on ne l'imputera qu'à l'amour du devoir.
Azuma, diront-ils, jaloux de fon pouvoir,
Veut forcer Azaël à reprendre les armes;
Son inflexible cœur fe plaît dans les alarmes.
Dans un rébelle enfin, il ne voit qu'un rival;
Et, pour nous affervir, il ne veut point d'égal.

A Z U M A.

Je les eftime trop pour craindre cette offenfe;
Mais fi de mes travaux telle eft la récompenfe,
Je plaindrai des ingrats, fans que de tels difcours
Puiffent, de mes deffeins, interrompre le cours.

L'ennemi loin de nous, on me rendra juſtice.
Juſques-là je dédaigne un aveugle caprice,
Dont la fureur perdit plus d'un Héros fameux;
Trop vain pour mépriſer ces bruits injurieux.
Pour moi qu'un ſi long trouble, & qu'une triſte étude,
Eclaira ſur le ſceptre & ſur la multitude,
Je ſçais trop qu'il n'eſt point de Chef ſi généreux
Qu'il puiſſe toujours plaire & remplir tous les vœux;
Que le joug toujours dur qui ſuit l'obéiſſance,
Eſt un ſecret obſtacle à la reconnoiſſance;
Et qu'il faut, malgré ſoi, reſſerrer le lien
D'un peuple armé ſouvent contre ſon propre bien:
Loin que ma pitié cede au tranſport qui l'anime,
S'il réſiſte, Azaël en ſera la victime :

(*Azaël entend les deux derniers Vers.*)

Qu'il parte, qu'il s'éloigne, ou tout ſon ſang verſé
Vengeroit, à leurs yeux, mon pouvoir offenſé.

SCENE II.

Les mêmes; AZAEL, ZÉILA.

A Z A E L.

J'osois douter encor de cet ordre ſuprême,
Et je venois ici l'apprendre de toi-même.

A Z U M A.

Tu m'as entendu ; fuis ; fuis, dis-je, ſans retour;
Et ne me forces pas à te priver du jour.

AZAEL.

Je le hais. Frappe donc!...... Quelle pitié t'arrête ?
Ton bras tremble, & ton cœur a condamné ma tête.

AZUMA.

Pars; fuis fans différer l'ordre qui t'eft prefcrit;
Et n'imputes qu'à toi l'arrêt qui te profcrit.

AZAEL.

Difpofes de ma vie, elle eft en ta puiffance ;
Mais n'attends rien de plus de mon obéiffance.
Préviens mon défefpoir; perds un ambitieux,
Qui fe craint trop encor pour fortir de ces lieux.

AZUMA.

O Ciel ! prêt à périr, ta fureur me menace.

AZAEL.

Je t'arme contre moi par ce comble d'audace.
Mon exil, pour ta haine, eft un arrêt trop doux;
Quand je n'y foufcris pas j'en fers mieux ton courroux.....
Mais fi je touche enfin à mon heure derniere,
En ce moment, du moins, écoute ma priere.
Souviens-toi, s'il fe peut, que tu fus mon ami;
Punis moi comme Juge, & non comme ennemi.
Crois que mon repentir eft égal à mon crime;
Mêle quelques foupirs aux pleurs d'une victime :
Eft ce injuftice aux mains qui terminent fon fort,
D'adoucir les regrets qu'elle donne à fa mort.
Me pourfuivras-tu donc fur l'infernale rive ?
Ah ! laiffe en paix ma cendre & mon ombre plaintive.

La vengeance , à tes yeux, a-t-elle affez d'appas ;
Pour me tourmenter même au-delà du trépas.

A Z U M A *troublé.*

Je te plains. ,.... Cependant ne crois pas me furprendre;
Tes fureurs ont trahi l'amitié la plus tendre.
Fuis ! portes loin de moi tes regrets fuperflus,
Et n'attends rien d'un cœur qui ne te connoît plus.

Z É I L A *à Azaël.*

Eh bien ! C'eft donc ici qu'il faut que tu périffes ?
Fuir c'eft nous condamner à d'éternels fupplices.
Dans un exil affreux vivre & toujours fouffrir ;
Laiffe cette foibleffe à qui craint de mourir.
Ne vas pas à ton crime ajouter cette tache ;
Coupable je t'aimai, je te haïrois lâche ;
Et qui porta fi haut fes vœux ambitieux,
Doit recevoir la mort fans détourner les yeux.
On pourfuit moins ici ton crime que ta vie.
Meurs donc, puifqu'il le faut , c'eft moi qui t'y convie ;
Et fi l'exemple feul peut t'y déterminer,
N'en doutes point, c'eft moi qui te le veux donner.
    (*A Azuma.*)
Pour toi , Juge inhumain qu'aucun malheur ne touche ;
Toi que femblent les pleurs rendre encor plus farouche ;
Ami, frere cruel, toi dont l'âpre équité
Tient moins de la vertu que de l'atrocité ,
Veux-tu rendre à jamais ta vengeance éclatante ?
Eteins-la dans le fang d'une fœur expirante.
Que la nature ici ne parle point pour moi,
Je brife tous les nœuds qui m'attachoient à toi.

Complice

Complice de l'objet que pourfuit ta colere,
Je fais tout mon bonheur de l'aimer, de lui plaire;
Je le dis à toi-même, à tout l'Etat, aux Dieux,
Qui puniront peut-être un refus odieux.
Dans le même tombeau je brûle de defcendre;
Aux cendres d'un amant je veux mêler ma cendre;
Hâte donc mon trépas & le coup qui m'attend;
Va! ce n'eft avancer ma mort que d'un inftant.

AZUMA.

Que d'horreur m'environne; & quelle tyrannie!
Faut-il perdre un rébelle, ou trahir la Patrie.

CŒPHANITES.

Elle a parlé, mon fils; que fes vœux foient ta loi...;
Mais je te reconnois au trouble ou je te voi.

ZÉILA.

Sauvez-le, fauvez-moi; daigne être encor mon frere.

AZAEL.

Et crois qu'en ce moment mon retour eft fincere.

CŒPHANITES.

Ah! cede enfin; ce cœur trop long-temps combattu,
Perdroit, en pardonnant, le prix de fa vertu.

AZUMA.

Contre tant d'intérêts qui pourroit fe défendre?
En vain je l'ai voulu; je fens qu'il faut me rendre,
   (*A Azaël.*)
Que ta punition n'eft plus en mon pouvoir.
Ma fœur, un afcendant plus fort que le devoir,

G

L'Etat entier, un pere, enfin tout me l'ordonne ;
Vis & fois Citoyen, Azuma te pardonne.

ZÉILA.

Jour heureux ! ô moment que j'ai tant souhaité !

AZAEL.

Et que de tout mon sang j'eusse même acheté... ..

SCENE III.

*Les mêmes ; OZIMÉE vêtu à la maniere
des Ennemis.*

OZIMÉE. (*Il dit le premier Vers sans voir Azuma ;
& dans le fond du Théatre.*)

O COMBLE de l'horreur & de la perfidie !....
Ah ! Seigneur, paroissez & sauvez la Patrie.

CŒPHANITES.

Ciel ! nous replongez-vous en des malheurs nouveaux !

ZÉILA.

Hélas ! ne verrons-nous jamais finir nos maux ?

AZUMA.

D'où naissent ces terreurs, & que viens-tu m'apprendre ?

OZIMÉE.

L'ennemi cette nuit, Seigneur, doit nous surprendre,

AZUMA.

Les traîtres..... Voilà donc mes soupçons éclaircis....;
Je l'avois trop prévu, mon pere..... Mais pourfuis.
Eft-ce doute, évidence ; enfin, parle, Ozimée.

OZIMÉE.

'A peine par votre ordre ai-je joint leur Armée,
Que, pris pour un des leurs fous ce déguifement,
J'ai preffenti, Seigneur, ce trifte événement.
Leur camp retentiffoit de concerts d'allégreffe ;
Chefs, Soldats tranfportés de cette même ivreffe,
Déployant de la paix les fignes éclatans,
Sans doute euffent trompé des yeux moins vigilans ;
Mais plein de vos foupçons fur ce peuple perfide,
Pour pénétrer leur cœur & le but qui les guide,
J'examine avec foin leurs regards, leurs difcours ;
De ce dédale obfcur j'obferve les détours ;
Et malgré l'appareil qu'à mes yeux on déploie,
Je crois appercevoir cette maligne joie,
Ce plaifir inquiet, fombre, myftérieux,
Que donne aux fcélérats l'efpoir d'un crime heureux.
Mais voulant vous inftruire avec toute affurance,
Je cherchois des garans plus fûrs que l'apparence,
Quand de ces lieux, Seigneur, Ifmaël de retour,
A mis leur perfidie, & ma crainte au grand jour.
Déja près de ce traître une foule empreffée,
Applaudit à fon crime & lit dans fa penfée.
Nos vœux font exaucés, nos ennemis perdus,
A-t-il dit ; mes difcours, leurs prifonniers rendus,

Les nôtres, & sur-tout Azaël en ôtage,
Ont enfin de leurs cœurs écarté tout ombrage.
C'en est fait, ils vont tous expirer sous nos coups.
Je prévois qu'Azaël s'armera contre nous,
Et va tout hasarder pour obtenir sa grace.
J'ai voulu, chers amis, prévenir son audace,
Et feignant de paroître inquiet sur son sort,
L'attirer vers ces lieux pour lui donner la mort ;
Je ne l'ai pu : n'importe, achevons mon ouvrage.
Attaqués dans la nuit, qu'y pourra son courage.
Ne délibérons plus, profitons des momens ;
Joignons au vœu commun la force des sermens ;
Et pour en obtenir l'entiere réussite,
Offrons un sacrifice aux Dieux du noir Cocyte.
A ces mots, ô fureur ! un esclave enchaîné
Sur un lugubre Autel, à grands cris est traîné.
Ismaël, l'œil tranquille & la main assurée,
Saisit cette victime à sa rage livrée,
Et lui plonge aussi-tôt le coûteau dans le flanc.
Leurs lances & leurs dards abreuvés de son sang,
Dieux infernaux pour qui le seul crime a des charmes,
Qui ne vous repaissez que de sang & de larmes,
Immortels ennemis de ces foibles humains
Qui voudroient arracher le sceptre de vos mains,
A - t - il dit , agréez cet affreux sacrifice ;
Il n'a pour but, du moins, l'orgueil ni l'artifice.
Nous jurons tous ici sur ce corps palpitant,
Sur ce fer, de poison & de sang dégouttant,
D'éteindre jusqu'au nom d'une race assez vaine,
Pour croire à d'autres Dieux & braver votre haine.

Et s'il eſt parmi nous quelqu'un dont la pitié
Frémiſſe, en ce moment de tant d'inimitié,
Entr'ouvrez ſous ſes pas le ténébreux abyme;
Un ſi lâche retour doit vous paroître un crime:
Qu'à jamais accablé ſous le poids de ſes fers,
Il ſouffre des tourmens cruels même aux Enfers....
Mais aucun ne frémit. Ces cœurs impitoyables
Acceptent ces ſermens & ces vœux exécrables ;
Et lançant vers le Ciel d'effroyables regards,
Ces monſtres à l'inſtant s'arment de toutes parts.
Pour moi, ſaiſi d'horreur & la vue égarée,
Je fuis, mais ſans tenir une route aſſurée;
Et ſi j'ai pu ſi-tôt reparoître en ces lieux,
Je ne le dois, Seigneur, qu'à la faveur des Dieux.

A Z U M A.

Que vois-je! en ce danger nous nous laiſſons abattre;
Et nous frémiſſons tous alors qu'il faut combattre.
Amis, fermons les yeux ſur l'obſcur avenir;
L'ennemi nous menace, il le faut prévenir.....
Mais, avant de tarir cette ſource de crimes ,
Que leurs ôtages ſoient nos premieres victimes !
  (*Aux Soldats.*)
Allez ; & dans leur ſang.....

C Œ P H A N I T E S.

                    Barbares ! arrêtés;
Oſez-vous les punir ſi vous les imitez.
  (*Avec fermeté.*)
Mon fils ,.....

AZUMA.

Je vous entends ; ah ! pardonnez, mon pere ;
A ce premier tranfport d'une aveugle colere.
Sans vous , j'allois... Marchons ! ne perdons point de tems ;
Chers amis ; le jour fuit, profitons des inftans.

AZAEL.

Eh quoi ! redoutes-tu d'employer mon courage !

AZUMA.

Non ! viens ; de ces pervers allons punir la rage.
Je compte fur ton bras.

AZAEL.

          Grace à leur trahifon ,
Je vais fur mes remords diffiper tout foupçon.
Si quelqu'un d'entre vous , que dis-je ! fi toi-même
Montre plus de valeur en ce péril extrème,
Azuma, plonge-moi ce fer au fond du cœur.
   (*A Zéila.*)
Adieu ! Je vais périr ou revenir vainqueur.

SCENE IV.

ZÉILA, CŒPHANITES.

ZÉILA.

Ou va-t-il ? Ah ! mon pere.. Hélas ! malgré ma crainte ;
Je fens quels intérêts me défendent la plainte ;

Et de quel prix pour nous doit être un tel appui ;
Mais, c'eſt ce qui me fait encor trembler pour lui.
Il voudra de ſon crime effacer la mémoire,
Et périra peut-être en ſe couvrant de gloire.....

CŒPHANITES.

Ah ! ma fille, pourquoi ces noirs preſſentimens ?
Et d'un malheur douteux prévenir les tourmens ?...
Mais que dis-je ! eſt-ce à moi de blâmer ta foibleſſe ?
Je frémis..... Je ne ſçais quelle ſombre triſteſſe
S'empare de mes ſens, & me glace d'effroi.....
Eſt-ce un tribut humain que je rends malgré moi ?
Eſt-ce un avis des Dieux ?... En ce moment d'alarmes ;
Aux pieds de leurs Autels allons porter nos larmes ;
Les plaintes, les ſoupirs, voilà nos droits ſur eux,
Et l'eſpoir le plus doux des mortels malheureux.

Fin du quatriéme Acte.

ACTE V.

SCENE PREMIERE.

CŒPHANITES, OZIMÉE.

CŒPHANITES.

O TRIOMPHE! ô bonheur, qu'à peine j'ose croire!

OZIMÉE.

Votre fils est vainqueur, il vit couvert de gloire;
Seigneur, n'en doutez point.

CŒPHANITES.

     Ah! pardonne à mon cœur;
Après tant de revers, ce reste de terreur.
Semblable au passager échappé du naufrage,
Qui croit entendre encor long-temps gronder l'orage;
Le cruel souvenir de nos calamités
Agite, malgré moi, mes sens épouvantés;
Mais je respire enfin; un doux calme succede
A des maux que l'effroi m'avoit peints sans remede.

Je

Je vous reverrai donc, murs facrés, Temples chers,
Séjour de la vertu, lieux fi long-temps déferts.....
Vous avez délivré nos Cités gémiffantes,
Confié votre foudre à nos mains impuiffantes,
O Dieux ! nos oppreffeurs confondus à jamais
Ont donc enfin fur eux vu tomber leurs forfaits.

O Z I M É E.

Avant que le foleil fe plonge au fein de l'onde,
Le dernier de fon fouffle aura purgé le monde.
Sous nos coups redoublés font tombés ces brigands,
Comme la feuille en proie à la fureur des vents.
Et notre nom fouillé par cette race impie
Va reprendre, en ce jour, une nouvelle vie.

C Œ P H A N I T E S.

Puiffe ce chatiment, hélas! trop merité,
Effrayer à jamais notre poftérité.....
Mais cependant, ami, quel heureux ftratagême !
Par quel fecours foudain de la bonté fuprême
Mon fils a-t-il enfin réparé fes malheurs,
Et triomphé fi-tôt de ces cruels vainqueurs.

O Z I M É E.

Votre fils, toujours plein d'une noble affurance,
Dans fon courage feul a mis fon efpérance.
Connoiffant quels périls un Chef doit éviter,
Et quels périls auffi fon bras doit affronter ;
Qu'il fe perd quelque fois par trop d'incertitude,
Que fouvent la prudence eft dans la promptitude ;

Et que plus le danger enveloppe un Etat,
Plus aussi son salut dépend d'un coup d'éclat:
Il prend un parti ferme, assemble son Armée,
Déja de mon retour en secret alarmée;
L'instruit, en peu de mots, d'un complot odieux,
Et dit: ce que je veux, je le lis dans vos yeux,
Chefs, Soldats; vous sentez que ce dernier outrage.
Veut de nous à l'instant un effort de courage;
Qu'en proie aux trahisons d'un perfide ennemi,
Il vaut mieux l'étonner par un projet hardi,
Que d'attendre, à couvert de cette foible enceinte,
Une attaque toujours favorable à la feinte,
Où le plus brave Chef n'a qu'un espoir douteux,
Où la valeur est vaine & tout succès honteux.
Armons-nous, profitons du jour qui nous éclaire;
Que le fer soit ici notre Dieu tutélaire;
Et s'il faut du destin éprouver la rigueur,
Troglodites, du moins mourons sans déshonneur.
A ces mots, tout s'empresse à témoigner son zèle;
Le Soldat plein d'ardeur n'attend point qu'on l'appelle,
Et bravant le péril dont il est menacé,
Déja remplit le poste où le sort l'a placé;
Tant la vertu d'un Chef, & son expérience
Inspirent, à la fois, d'ame & de confiance.
Pour moi, sur mon devoir instruit par votre fils.
Je prends, sans différer, mille Soldats choisis;
Et pour favoriser cette grande entreprise,
Je marche vers des lieux faits pour une surprise;
D'où, sans être apperçu, je puis voir à loisir.
Le moment du combat le plus propre à saisir.

Votre fils cependant vers l'ennemi s'avance;
Qui connoissant trop bien sa juste défiance,
Pour cacher ses desseins & pour le tromper mieux,
Feignoit, mais lentement, d'abandonner ces lieux.
Voyant sa trahison découverte, ou peut-être
Regardant Azuma lui-même comme un traître,
Il s'arrète, & sans trouble accepte le combat.
Les premiers traits lancés, on se mèle, on se bat;
Mais, jaloux d'attirer ces cruels dans le piége,
D'exterminer enfin ce peuple sacrilége,
Votre fils tout-à-coup rappellant ses Soldats,
En bon ordre vers moi se retire à grands pas.
L'ennemi qui le croit contraint à la retraite,
Se dispute, à l'envi, l'honneur de sa défaite;
Et guidé par la soif qu'il a de notre sang,
Le poursuit, sans garder ni d'ordre ni de rang.
En ce moment, Seigneur, jugez quelle est ma joie;
Tel un tigre affamé s'élance sur sa proie,
Ainsi, plein de l'ardeur de venger nos affronts,
Je fonds sur eux; la foudre a des effets moins prompts;
Surpris à cette attaque imprévue & soudaine,
Chacun d'eux aussi-tôt croit sa perte certaine;
Ils veulent cependant faire un dernier effort;
Mais déja votre fils seme par-tout la mort;
Et profitant du trouble où leur ame est plongée,
Tient entre nous & lui cette troupe assiégée.
Ainsi ces scélérats par-tout enveloppés,
Et par les Dieux, sans doute, au fond du cœur frappés,
Epuisent vainement un reste de courage.
Ce n'est plus un combat, Seigneur, c'est un carnage.

L'un, pour fauver fes jours, regagnant fes vaiffeaux,
Difparoît à nos yeux englouti fous les eaux;
L'autre, par la terreur aveuglé dans fa fuite,
A travers mille dards vole & fe précipite.
Quelques-uns tranfportés d'un excès de fureur,
Frémiffant à la fois de rage & de douleur,
Contre eux - mêmes, Seigneur, tournent leurs propres
    armes,
Et dans ce défefpoir femblent trouver des charmes.
Alors ne voyant plus que morts & que débris,
Parmi des flots de fang je rejoins votre fils.
Cher ami, me dit-il, je te dois la victoire.
Pour prix de ta valeur vas jouir de ta gloire;
Et tandis que je vais profiter des inftans,
Pour détruire à jamais ce refte de brigands,
Vole au camp le premier porter cette nouvelle.
C'eft un emploi flatteur que je dois à ton zèle.
Vois mon pere fur-tout, dis-lui que, fi mon cœur
S'énorgueillit un peu du titre de vainqueur,
C'eft autant d'avoir pu lui conferver la vie,
Que d'avoir fait enfin triompher la Patrie.

CŒPHANITES.

Que ne puis-je, Ozimée, en ces heureux momens,
Lui marquer mon amour par mes embraffemens.
Sans doute, il eft bien doux, bien flatteur d'être pere
D'un fils dont la valeur nous doit être fi chere.
Il eft vainqueur, il vit, tous mes vœux font remplis....
Tranquille cependant fur le fort de mon fils,
Azaël, je l'avoue, alarme ma tendreffe.
Tu connois, cher ami, combien il m'intéreffe;

Ne me déguife rien, a-t-il, dans ce grand jour,
Bien fervi l'amitié, la Patrie & l'amour ;
Le fang des ennemis a-t-il lavé fon crime ?

O Z I M É E.

Oui, Seigneur ;.... mais hélas ! il en eft la victime.

C Œ P H A N I T E S.

Quoi ! malgré fes remords, les Dieux l'ont condamné.

O Z I M É E.

Atteint, par Ifmaël, d'un trait empoifonné,
L'art n'a contre fes maux que des reffources vaines,
Et cede au noir venin qui coule dans fes veines.
J'en frémis ; mais, Seigneur, dans ce funefte fort,
Son efpoir le plus doux eft une prompte mort.

C Œ P H A N I T E S.

Quelle victoire, ô Ciel ! & quel bienfait étrange !
Nous n'obtenons donc point de bonheur fans mélange.
Pourquoi, dans ce féjour de trouble & de douleurs,
Faut-il fi chérement payer quelques faveurs.
Ami, c'en eft donc fait, ma fille m'eft ravie,
Ma fille hélas ! pour qui j'aurois donné ma vie.
Eh ! comment lui porter l'arrêt de fon trépas ;
Pere trop malheureux, tu ne le pourras pas.....
Prevenons-la du moins ; va, cours au devant d'elle.
Sauve-moi d'une vue à tous deux fi cruelle.....
Il n'eft plus temps ami ; je la vois s'avancer.
Infortunée, hélas ! que vais-je t'annoncer ?

SCENE II.

Les mêmes ; ZÉILA.

ZÉILA.

LE fort a donc enfin cessé de nous pourfuivre,
Et de tant de périls aujourd'hui nous délivre.
Ah ! mon pere, je viens partager avec vous,
Un fuccès à vos vœux, à mon amour fi doux.....
Mais quel accueil ! ô Ciel ! & quel trifte filence !
Quoi ! mon frere auroit-il trompé notre efpérance ?

CŒPHANITES.

Non, ma fille, il refpire, il eft victorieux.

ZÉILA.

Pourquoi donc foupirer & détourner les yeux ?
Vous ne répondez point..... Ah ! quel affreux préfage
Vient, dans mon cœur glacé, fe frayer un paffage.....
Mon pere, épargnez-vous ces égards fuperflus,
Et ne me cachez point qu'Azaël ne vit plus.
Ozimée, eft-il vrai ?.... Que veux-tu malheureufe !
Tout pleure devant toi ton infortune affreufe ;
Et tu doutes encor : quel garant plus certain,
Hélas ! exige-tu des rigueurs du deftin.
C'en eft donc fait ; je touche à mon heure fatale.....
Attends ; je te rejoins fur la rive infernale,
Cher Azaël.....

CŒPHANITES.

Ma fille.....

ZÉILA.

Il n'en eſt plus pour vous;
Je ne m'entendrai plus nommer d'un nom ſi doux.
L'affreuſe mort, après tant de peines cruelles,
Va répandre ſur moi ſes ombres éternelles.

CŒPHANITES.

Calme ce déſeſpoir, & daigne m'écouter......

ZÉILA.

Je ſens ce que ma perte, hélas ! va vous coûter.
Qu'en ce dernier moment votre cœur me pardonne
Les regrets, les chagrins que mon amour vous donne.
Vous le ſçavez, mon pere, en lui j'ai tout perdu ,
Et ce n'eſt qu'aux Enfers qu'il peut m'être rendu.
Encor ſi de ſes mains il fermoit ma paupiere ;
Si j'euſſe entre ſes bras expiré la premiere.....

CŒPHANITES. (*Il apperçoit Azaël, & va précitamment
au-devant de lui.*)

Que vois-je !

ZÉILA.   (*Ozimée la ſoutient.*)

Je me meurs.

SCENE III. *& derniere.*

Les mêmes ; A Z A E L, soutenu par quelques Soldats.

A Z A E L.

ARRÊTEZ un moment ;
Laissez-moi ; vos secours irritent mon tourment.
Prêt à subir, hélas ! cette mort où j'aspire,
(*On l'asseoit à droite, aux pieds d'une Ruine.*)
Pour la derniere fois souffrez que je respire.
Dieux ! qui me punissez, êtes vous satisfaits ;
Mes maux ont-ils enfin égalé mes forfaits.

CŒPHANITES.

Malheureux !

A Z A E L.

Quels sanglots ! où suis-je !

CŒPHANITES.

Près d'un pere,
Près du plus tendre ami que ton sort désespere.

A Z A E L.

Quel qu'il soit, ta pitié me le rend moins affreux,
Il est doux d'être plaint d'un cœur si généreux.
Mais que fait Zéila.

CŒPHAN.

C Œ P H A N I T E S.

Tu la vois expirante.

AZAEL. (*Il se leve soutenu par Cœphanites & un Soldat.*)

Ah ! Dieux ! pour un moment fixez mon ame errante ;
Soutenez mon courage & ranimez mes fens.
Zéila, fois fenfible à mes triftes accens.

Z É I L A.

Qu'entends-je ! quelle voix du tombeau me rappelle.

A Z A E L.

C'eft moi ; c'eft un Amant malheureux & fidèle.
Ah! leve encor fur moi ces yeux baignés de pleurs.

Z É I L A.

Objet infortuné des plus vives douleurs,
Ne crois pas que jamais je te puiffe furvivre.
Tu le vois ; je fuccombe , & fuis prête à te fuivre.

A Z A E L.

Epargne à mon amour ce langage cruel ;
N'eft-ce donc pas affez pour moi d'un coup mortel ;
De mes égaremens innocente victime ,
Veux-tu que chez les morts j'emporte encor ce crime.

Z É I L A.

Vis ! ne refufe point de généreux fecours ,
C'eft l'unique moyen de conferver mes jours.

A Z A E L.

S'il eft ainfi, mon fort eft de mourir coupable ,
Et ta perte manquoit au malheur qui m'accable.

I

ZÉILA.

Eh bien ! raffure - toi ; je vivrai, tu le veux ;
Mais fi pour te calmer je me rends à tes vœux ,
Ne m'abandonne pas , & prends foin de ta vie.
De quels regrets , ô Ciel ! ta mort feroit fuivie.
Quoi ! je traînerois donc des jours remplis d'horreur ;
Ah ! prends pitié de moi.

AZAEL.

　　　　　Tu me perces le cœur,
Amante généreufe autant qu'infortunée ;
Tu méritois , fans doute , une autre deftinée.

ZÉILA.

Vis ; & fi cet efpoir peut m'être encor permis ,
Mon fort fera trop doux.....Mon pere, & vous amis ,
Prêtez à fa foibleffe une main fecourable ;
Conduifons-le en ces lieux..... Ciel ! fois nous favorable·

AZAEL.

Allons ; ô Dieux ! fi rien ne peut me rendre au jour ,
Daignez fauver , du moins, l'objet de tant d'amour.....
Mais.... arrêtons, amis.... mes forces s'affoibliffent ;
Soutenez-moi ; je fens que mes genoux fléchiffent....
Quelle ardeur dans mon fein vient de fe rallumer ?
De quel feu dévorant je me fens confumer ?
Que je fouffre !..... ô poifon , redouble encor ta rage ;
Termine enfin des maux plus forts que mon courage.
Et toi, des malheureux l'efpérance & l'effroi,
O mort, viens me faifir..... Elle vient....je la voi.....

Ah ! pourquoi, fpectre affreux, m'offrir ce front terrible ?
Ce foudre, ces lambeaux pour moi n'ont rien d'horrible ;
Frappe ; porte à mon cœur ce coup fi defiré ,
Grace aux tourmens cruels dont je fuis déchiré. . . . . .
Mais ce n'eft point en vain que ma douleur t'implore ;
Un froid mortel fuccede au feu qui me dévore ;
Adieu ! . . . . tout difparoît. . . . . mon ame rompt fes fers,
Et va chercher enfin du repos aux Enfers.

F I N.

A P P R O B A T I O N.

JA I lu par ordre de Monfeigneur le Chancelier, LES
TROGLODITES, Tragédie ; & je n'y ai rien trouvé qui
m'ait paru devoir en empêcher l'Impreffion. A Paris ce
26 Août 1769.

CRÉBILLON.